El latido constante

Aries Morales Parrado

BRIGHTSTARS
PUBLISHING & MEDIA
COLECCIÓN
NUEVAS VOCES

© Aries Morales Parrado, 2025

Portada: "Recuerdos de Gota Blanca" © Pablo Labañino
Fotografía: © Andrew Bonilla
Edición: Manuel Iglesias
Diseño: BrightstarsMediaArt

© Brightstars Publishing & Media, 2025
Colección Voces Nuevas
www.brightstarsmedia.com

Primera edición en español: Septiembre 2025
ISBN Paperback Edition: 978-1-968878-02-3
Impreso en los Estados Unidos de América

Todos los derechos reservados. Ninguna parte de esta publicación puede ser reproducida, distribuida o transmitida en cualquier forma o por cualquier medio, incluyendo fotocopia, grabación u otros métodos electrónicos o mecánicos, sin el permiso previo por escrito de la editorial, excepto en el caso de citas breves incluidas en reseñas críticas y ciertos otros usos no comerciales permitidos por la ley de derechos de autor, señalando la fuente. Para solicitudes de permiso, diríjase a la editorial a través de la siguiente dirección de correo: bpm@brightstarsmedia.com

ÍNDICE

- A MODO DE SALUDO 2
- PALABRAS 5
- MEMORIAS 8
- DESPERTAR 10
- MI ALFOMBRA MAYA 12
- FIESTA 15
- MI UNIVERSO 16
- LA MAÑANA 19
- LA BELLEZA 21
- ESPEJOS 22
- PANDEMIA 25
- AQUÍ Y AHORA 26
- SONETEANDO 27
- EL SONETO 28
- HAIKUS 31
- RELOJ BIOLÓGICO 39
- AUN NO PUEDO DECIR 41
- JUEGO DE PODERES 42
- CAMINATA 43
- AMBULANTES 44
- FRIDA, MI FRIDA 46

ÁRBOL	49
EL ÚLTIMO ADIÓS	52
PADRE	53
MAR Y ANA	56
RENACE	58
HIJO	61
EL LATIDO CONSTANTE	64
EPITAFIOS	69

Para Manuel Iglesias, mi editor, que realizó la magia.
Para mis hijos, nietos y poetas, que son parte de mis versos.
¡Gracias a la vida!

A MODO DE SALUDO

Parecería que debo hacer una introducción. De hecho, se espera que al inicio de todo libro, ya sea poesía o narrativa, haya una especie de prólogo que explique las intenciones y justifique su existencia.

Sin embargo, ¿qué mejor introducción que el largo camino recorrido hasta llegar a esta modesta oferta poética?

Sería muy egoísta de mi parte distraer a los amigos que leerán este pequeño volumen a ubicarse en los momentos de mi vida que marcaron cada uno de los poemas que he logrado compilar.

Me encantaría que cada uno encontrara sus propios espacios en estos textos, porque la vida siempre está llena de sucesos, tropiezos, golpes, amores, desamores..., y todos dejan cicatrices en el camino.

Esas marcas de vida no representan ni pérdidas ni ganancias; al final me siento en paz porque todas esas huellas contribuyeron a mi esencia.

Publicar este libro ha constituido una larga espera. Las palabras incluso se han perdido entre un recorrido y otro, pero ha valido la pena el aprendizaje.

Estoy profundamente agradecida a los cientos de poetas con los que pude intercambiar, pues cada uno de ellos llenó mi universo e invadió los sentidos. Agradecida estoy también de mi hermosa familia: mi madre con su universo mágico, mi padre con su dibujo de nuestra existencia, mis hijas, mi hijo, mis nietas y nietos, a quienes debo mi reciclaje, el hoy y el ahora, en este mundo complejo y cambiante.

Veo la vida como un continuo recomenzar, por lo que cada reflexión, cada imagen poética tiene el valor de renovarse en sí misma en un flujo continuo de emociones y sucesos.

Espero que los colores, colibríes, sensaciones, senderos o cruces de camino, y todos los milagros que se arremolinaron en el nacimiento de este poemario aporten a cada uno de ustedes espacios y luces para un nuevo día, para un despertar del alma.

Aries Morales Parrado

PALABRAS

Hoy
mis palabras han querido salirse
de mi piel y no pueden,
me tratan de inundar,
cierro los ojos.
Escucho la incoherencia,
solo sonidos, así como:
árbol, hoja, flor, cabeza, corazón, dolor,
camino, caverna, ansias, suerte, desamor,
perfume y, de nuevo: flor, girasol, rosa,
petunia o, quizás, penuria.
No entiendo bien y me confunden
susurros de palabras.
No significan nada,
trato de oír y nada, no distingo ninguna.
Una tras otra empuja a la que sigue.
Siento calor, me muevo, trato de soltarlas,
se aferran a mi piel ya lesionada
de tanta flor, espina, mesa, pan,
tanta cabeza, peine, calle, sol.
Puro desorden.
Descanso, no puedo relajarme,
mucho menos dormir,
me pongo en guardia, me invaden.
La incoherencia me aturde.
Abro los ojos, camino por la casa
buscando los confusos sonidos,

encuentro solo palabras sueltas,
desordenadas, locas,
que siguen en mis brazos, muslos, piernas,
son demasiadas,
salto, corro, camino,
puerta, cabeza, calle, mentira,
tiempo, cartón, madera, colibrí.
Tanta incoherencia
no me permite hilar ni una oración,
me confunde mi día.
Debo salir a caminar,
no puedo respirar,
ya ni siquiera siento mis latidos.
Me muevo,
se tratan de escapar y no lo logran.
Vuelvo al poema,
segura de encontrar esa palabra única,
aquella que guardada en el tiempo
espera para narrar mi historia,
la anécdota certera,
la memoria de tantos amanezcos.
Han sido muchos, pero hoy no puedo,
debo salir a caminar.
Ya estoy lista,
quizás demasiado protegida para mi gusto.
Son tiempos difíciles,
las palabras se quedan en las ganas,
se quedan en mi piel como tatuajes,
son demasiadas,

y demasiados caminos diferentes.
Ahora, ya estoy lista.
Me miro en el espejo y me digo:
¡Ya estoy lista!
Mi boca está tapada,
las palabras guardadas,
porque yo debo hoy salir a caminar.
Y flores, puertas, colibríes, soles,
árbol, madera, corazón...
guardadas, bien guardadas,
esperando ordenarse, reordenarse,
para así poder contar mañana
alguna historia nueva.

MEMORIAS

A mi madre, siempre presente, con amor

Debí seguir amando con pasión,
creyendo en lo inaudito,
tanta furia, tanto cerco, tanto límite,
silencios.
Aún recuerdo tu índice en los labios,
entendí a diario tus señales.
Debí creer completamente
en aquel universo,
en los colores con que invadiste mis pasiones,
en ese mundo dibujado a tu cuenta y designio,
en el instante mismo en el cual yo aspiraba,
en aquellos momentos
en los que mis palabras
se escuchaban más allá que las tuyas.
Debía caminar derecha y a tu ritmo:
un, dos, tres, cuatro y hasta el infinito,
diseñado, fijado, ¿ya lo dije?,
fijado, sí, cerrado, por toda la cuantía
de aquellas tus razones.
Una mirada y empezaba el conteo.
Un silencio y mi respiración cesaba.
Una señal y callaban mis sueños.
Fue demasiado, ya lo sabes,
y pienso que lo sabes
porque se multiplican los saberes,

se multiplican el ansia y las angustias.
Está esparcido el grito que callaste,
el aire que ocultaste, la razón que negaste.
Nadie ganó, te lo decía siempre,
no se gana callando,
no se gana ocultando.
Terminamos así,
tienes todo mi amor.

DESPERTAR

Me soñé luz, pasión, mar,
sonido, calma y esperanza.
Soñé fuego, agua, colibrí,
camino, sacrificio, sabiduría,
canción, poema, dolor y desamor,
también abrazo, beso,
mi piel toda traviesa y sonrojada.
Al colibrí azulado,
su vuelo en mi cabello,
mi sensación de asusto, mi cadencia.
Me dio tiempo a soñar en paz,
aire y color,
me dio tiempo en azul, naranja y hasta rosa
porque verde no había,
sentí ausencia del rojo carmesí,
del amarillo sol,
del negro, profundo e infinito negro.
Reí, me sonreí, sentía que reía
y era el sueño,
de tan veloz que era
se escapaba el azul,
el beso, la caricia y el abrazo,
todos corrían, sí,
corrían y reían
hasta llegar al paroxismo.
Y fue ahí que en mis ojos
entreabiertos,

mojados por el llanto,
comenzó el amanezco
incertidumbre al fin,
sin el abrazo, la pasión y el azul tan amado.

MI ALFOMBRA MAYA

En casa, ya lo dije,
sobre esta inmensa alfombra maya
medito hoy.
Más que un acto de paz
es una guerra,
¿lo sabían?
Ha sido una batalla infinita
¿desde cuándo?
Desde antes de nuestra era,
de Cristo, Buda, Krishna, Kukulcán,
Quetzalcóatl, Orula y Dios.
Ah, y de la Biblia, por supuesto,
de la Biblia, del Popol Vuh,
del Libro de los Oráculos
con todas las Sagradas Escrituras posibles.
Todas ellas nos dijeron,
nos advirtieron, de la guerra que se nos venía encima:
pandemias, huracanes, terremotos, apocalipsis,
rayos, centellas y cuanta cosa
cae del cielo,
desde arriba, desde abajo,
de los lados,
de todos los espacios inimaginables
agredidos por
dos bandos, tres, ya ni lo sé,
nunca nos detuvimos a leer.
Fueron escritas en todos los idiomas y dialectos,

repletas las páginas de señales
que no vimos, no atendimos,
sobre el mundo, lagos, ríos, montañas,
dale y dale y dale sin notar las ausencias,
el deterioro absoluto.
¡Y plaf!
Se desencadenó la debacle.
Se soltó.
Se expandieron miles de ellos
y se multiplicaron
más y más y más,
hasta un número tal que
cerramos puertas, ventanas, cerrojos,
escondidos, protegidos, aislados,
distanciados.
Apenas recordamos el roce, la caricia,
porque un mínimo espacio
entre mi piel, tu mano, olores, cabellos
y el aire podría estar contaminado.
El aire, eso que fluía por campos, ciudades,
pensamientos, palabras,
y traía y llevaba el aliento,
los sonidos de un lado a otro,
nos llenaba,
acariciaba nuestra piel,
nuestros sentidos.
Lo extraño tanto,
que respiro y exhalo
en esta meditación de hoy

para sentir, oler, escuchar, saborear
cuánto era de hermoso.
Cuánto tu risa, tus cantos, tus sonidos,
cada palabra, contacto, segundo, minuto,
significa la vida, mi vida, nuestra vida,
la que no puedo, ni quiero
desperdiciar por un instante más.

FIESTA

Hoy decidí hacer una gran fiesta.
Los invitados serán muy especiales.
Avisé a todos,
apuré mi mañana y compré un gran pastel.
Le dije al colibrí,
que fue el primero en despertar conmigo.
La paloma torcaza ya avisa a sus amigas,
mis lagartijas de la terraza
no me quieren creer de este festín:
me lo dicen sus ojos asombrados.
Les digo, les advierto
que sólo habrá pastel y mucho amor
para todo el que pueda y quepa en la distancia,
de la Habana a Miami,
de Singapur a México.
Habrá bailes, confetis, alegría.
Así que,
hoy celebro, canto, río,
y sigo acá
viendo crecer mis retoños desde lejos.
Por eso, y para que no me cuenten,
hoy me he comprado un gran pastel.
Están todos invitados.

MI UNIVERSO

¡No puedo con un mundo gris!
Tengo una fuente llena de colores.
Miles, cientos, decenas de colores
rojos, amarillos, naranjas, magentas,
azules, verdes, fucsias,
llueven sobre mi mundo.
Coloreando todo y a todos
 los que encuentro,
los que miro.
En este universo inmenso de contrastes,
diversidades, diferencias y contradicciones
está todo, todito, coloreado.
Los arcoíris me atraviesan,
me cortan el camino
me enciman y me bañan en una melodía infinita,
armonía perfecta donde se mezclan
todas las gamas y matices,
serpentinas de ellos me envuelven,
acarician mi cuerpo y explotan sobre mí.
Son tantos que no alcanza el día para sujetarlos,
no alcanzan los días ni las noches
porque también las noches están repletas
de estos naranjas, verdes y amarillos.
Cierro mis ojos y los veo, me sujetan las manos,
piernas, el corazón y el alma.
Y entonces, como si fuera magia,
comienzo a saborear un baile enloquecido, feroz,

con ese ritmo sutil que sólo los colores saben darme.
Me involucro en la danza con todos mis sentidos,
mis caderas, mis piernas y mis pies.
Chapoteo magentas y hasta violetas,
se manchan mis paredes,
deliro y comienzan a salir nuevos colores
hasta ahora nunca vistos.
Y sigue, y sigue cada día, cada noche.
Tanta danza me agota, me sorprende,
pregunto a mis amigos, amigas.
por sus rojos, magentas y naranjas.
Y nada, nada ven, nada sienten, nada les pasa.
Me asusto.
Les advierto, juro que les advierto,
pero están concentrados en búsquedas
absurdas, inalcanzables.
Mientras tanto, ya casi ni me ven,
los colores me atrapan
me colman, tienen lleno mi mundo,
mis segundos, minutos y hasta días,
dialogan entre ellos, escucho sus susurros.
Intento descansar,
me duermo,
amanezco.
Abro los ojos y ahí están,
envuelta en ellos desayuno, me visto,
salgo y camino por mi barrio.
Nadie me mira.
Las personas que cruzan a mi lado

están demasiado ocupadas.
Sólo un niño se asombra,
me señala, su mamá le regaña,
me río, él ríe, él sabe...
Y de su risa salen rojos, naranjas y violetas,
ahí empieza la fiesta,
y cargada de ellos me regreso a casa
un poco triste,
un tanto preocupada.
El mundo no percibe mis colores.
Mañana, mañana saldré de nuevo,
intentaré regalar un poco de ellos.
Mientras tanto
acá, en mi casa, la mía:
rojos, magentas, naranjas y amarillos.
Mi danza recomienza de nuevo
y de nuevo hasta la noche,
en la que intento descansar.

LA MAÑANA

Así es cada mañana.
Reviso el día
para lograr el nuevo orden,
el desde ahora,
el de todo el camino que nos falta.
Ya todo en su lugar,
suspiro, respiro una vez más,
abro mis ventanas a la luz,
aspiro,
disfruto del olor a hierba
recién cortada por los vecinos.
No los conozco,
identifico sus sonidos,
ya me resultan cotidianos, constantes.
Nunca pensé percibir la vida desde lejos,
siento cada uno de mis latidos,
me mantengo escuchando
y eso es suficiente.
He descubierto la felicidad del amanezco,
la risa lejana de las flores.
Es un hecho, un nuevo orden.
En estas ceremonias mañaneras
no faltan mis deseos, mis abrazos, mis latidos.
Acá estoy, aún estoy
y eso,
sólo eso,
me colma hasta lo más profundo.

Llego de nuevo a la ventana,
el colibrí de mi mañana me sabe,
confirma mi presencia y vuela,
vuela, vuela, vuela, y vuela.
Tanto aleteo me hace reír y reír y reír.
Mis vecinos ya están en alerta,
mi risa les preocupa,
percibo su tensión, les siento.
Pido disculpas,
tanta felicidad no cabe en sus mañanas,
estoy dispuesta a regalarles algo,
solo un poco,
porque mañana será otro día
y necesito el recomienzo.

LA BELLEZA

La belleza se pierde,
se nos escapa
sin que percibamos el tiempo y el espacio
en el que un día la tuvimos,
convivimos, la abrazamos.
Se dice fácil.
Pasamos esta vida en su búsqueda
y, al encontrarla,
ni siquiera palpamos
lo volátil del instante en la que estuvo
y se nos fue,
la perdimos en la distancia y el olvido,
porque un día fuimos parte de ella
y no supimos conservarla.
Suerte de aquel que,
dándose cuenta de lo efímero,
mantiene su pureza
y establece estrategias
para no dejar escapar
aquella
que un día salió de nuestras manos
y no pudimos retener.

ESPEJOS

Lo juro,
le prometo a todos los arcángeles,
ángeles y brujas que me acompañan:
terminado este aislamiento
me compro un espejo nuevo.
¿Oyeron bien?
Ni sabía que tenía trece espejos en casa
distribuidos meticulosamente,
exprofeso y con premeditación,
para que mi alter ego se diera el gusto
de permanecer sin angustias.
Fue una labor de años,
una estrategia pensada y estudiada.
Compensando espacios y rincones,
largos tramos de soledades,
acompañada por mis imágenes
que se reiteran y reiteran en un diálogo,
o más bien monólogo,
y repite que soy la misma cada día.
Eso trato, al menos, de lograrlo.
Las horas, la luz, el día o la mañana
hacen la diferencia.
En cada uno de ellos,
me expando, achico, inflamo,
encoloro o palidezco,
ya incluso me da igual,
porque la diferencia la hace el tiempo

que rebota y retumba
en cada una de las imágenes
reiteradas,
grandes,
pequeñas,
distorsionadas,
desenfocadas,
mal enfocadas,
desencajadas,
siniestras y hasta bella
y sí, por qué no,
bella, ¡bellísima!
Me grito y me regrito:
aún estás completa.
Reviso mis pedazos,
me ocupo tanto de mis sensaciones
que he perdido la conciencia de mis partes,
pero ahí están todas juntas.
En estos trece espejos,
testigos implacables,
presentes cada día, a cada momento,
rodeando mi figura, mis días, mis noches,
mis risas, mis tristezas, mis dolores.
Por eso cruzo dos dedos, los beso, juro:
en cuanto salga hacia la calle
me compro un nuevo espejo
para, al menos, tranquilizar a brujas, arcángeles
y deidades de todas las especies y lugares
que conviven, me observan y me juzgan.

Escuchen bien y sepan:
ya mi alter ego
no puede prescindir de su reflejo.

PANDEMIA

Un grito sordo retorna sin respuestas,
cómo decir lo que nunca fue hablado,
¿qué garantiza el diálogo
si la paz se ha perdido?
La llamo, no responde.
Decía yo: es sorda.
No paro de gritar.
Detrás de mi máscara infinita
el sonido es opaco, sordo.
Ya las respuestas a mis preguntas
se agotaron.
¡Ay, carajo, que no escuchas!
Quedé sin voz, me cortaron las alas,
el piso no me aguanta el peso de los años,
tanto camino andado y recorrido en vano,
tanta prisa vivida,
tantos temores, sueños, miedos.
En un cerrar y abrir de ojos
me apretaron el alma,
me clausuraron el corazón de tanta ansia,
de tanto grito sin respuesta.
Es el colmo pero, al menos,
se me alivia la poesía dentro, enjaulada.
Despejo, entra el aire.
Respiro, aún respiro.

AQUÍ Y AHORA

Entre 'cuerdas y tendones",
en este amarre del tiempo y el espacio
en el que estoy,
un grito sordo me sorprende.
Escucho mis angustias,
callados padeceres de mi camino andado.
El 'donde vengo' y 'a donde voy'
confunde mis sentidos.
Me preparo un café,
el exquisito olor a Cuba
me llena este momento.
Por un rato siento paz aquí y ahora.

SONETEANDO

Quise expresar mi verso en un soneto,
aún me lo propongo.
Es mi primera vez, mi estreno
en esta métrica cerrada, estricta.
¿Cómo escribir mis ansias,
mis sueños y agonías,
las tantas y las pocas,
y sentirme amarrada en once sílabas,
dos cuartetos, dos tercetos,
y así poder decir y decir
lo que vengo guardando
tantos y tantos años?
Difícil es, lo sé, pero es un sueño,
un requisito indispensable,
un acto de rigor, un reto al imposible
que yo misma me impongo.
Puede pasar que esté pisando
terrenos movedizos,
siglos de poesía y canción,
un gran atrevimiento
a la literatura que tanto aprecio y leo.
Que me disculpen Dante, Shakespeare,
Cervantes, Góngora, Quevedo, Cintio y Fina
y hasta José María, qué sé yo, muchos más.
En serio, pido mil disculpas a mis poetas,
porque hoy quise
expresar mi voz en un soneto.

EL SONETO

La mañana lloraba cristalina
los sonidos venían desde lejos
no escuchaba tu voz, me desanima
te presiento, no estás, ya me entrecejo.

Imagino que sigues a mi lado
a mi lado, poeta, a mis antojos
siento el calor, respiro, me relajo
toda esa tarde de pasión y arrojos.

No sucedió, no estás, pues tú no puedes
Aquella vez, entonces, no sucede.
No estás, solo mi sueño quizás quede.

Un día volverás, pasado el tiempo.
Ya mis ojos abiertos, sólo el viento
Serán mis alas, sentirás mi aliento.

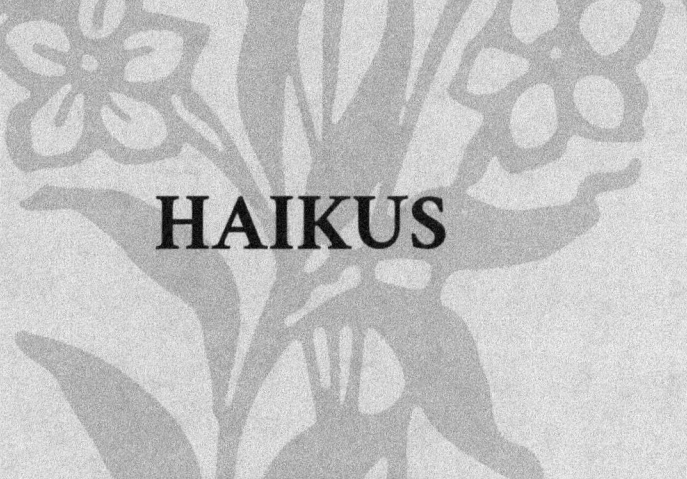

HAIKUS

Se dio la vuelta.
No sintió su pisada.
Solo su aliento.

Viento en círculos.
Señal de desalientos.
Cierro los ojos.

La luna ríe
Al dormir tempranito.
Me baña de amor.

Solo mi cuerpo
Se siente complacido
Con tu arcoíris.

La rama que cae
Ha desprendido tu olor.
Noche sagrada.

El viento del Sur
Nos recuerda la historia
Que guarda la piel.

La flor de loto
Se introdujo en mi pecho.
Surgió la vida.

En el silencio
El sonido de mi isla
Invade la nostalgia.

MUSIC CAN CHANGE THE WORLD

"Music can change the world."
The world, el mundo...
¿Será cierto?
El sonido me envuelve,
es Gerry Mulligan,
cada nota tocada por Dave Brubeck,
su piano,
mis andadas de entonces
en la Habana de noche.
Tengo el disco, lo escucho,
lo disfruto, recuerdo,
empecé demasiado joven.
Mis noches colmadas de feeling,
jazz, guitarras hasta el amanecer,
amigos, nostalgia, mi vida.
Largas veladas descubriendo una nota
detrás de aquel sonido de Coltrane,
"A love supreme", por siempre y cada noche,
"Imagine", "Help" y "Gracias a la Vida",
y mi Violeta Parra
y Sting y Avishai Cohen
y hasta José María,
y Silvio y Pablo
y Noel y El Grupo,
una guitarra o una cítara,
una banda sonora interminable

llenó y llena cada uno de mis pasos
de aquellos mis caminos.
Anduve hacia adelante
y en algunos momentos desandé
para volver a retomar el hilo.
Aquel hilo infinito, hermoso,
que en cada melodía,
armonía perfecta me iba creciendo
como afinada jazz band
en un complejo sistema de
amor y desamor.
Hijas, hijo, nietas, nietos y mis pasos,
la música me lleva,
sigue sonando en mis oídos,
me colma, me repleta,
me acompaña,
me permite pensar,
retomar cada mañana,
sonido interminable, hermoso,
que renace y crece en mí
hasta convertirse en camino,
en luz y paraíso.
No sé si fue mi piano o mis poemas.
No sé si el canto de los pájaros
o la guitarra,
el sax o la tonada de cantores,
el jazz, la trova o todos juntos.
Pero algo sé, estoy segura:
es la música, y siempre fue la música,

la fuerza para llegar tan lejos,
romper muros y piedras,
senderos pedregosos,
murallas,
en este mundo
que hoy lo tengo llenito de nostalgias.

RELOJ BIOLÓGICO

> *"Conocer tu reloj biológico*
> *te permite ser más feliz"*
> *Diego Golombek, biólogo*

Aprendí que no soy alondra,
me sorprende saber que soy búho,
y no sé por qué de golpe me sorprende
si siempre he sido una caminante de las noches.
Solo cuando me reajusté
me reprimí,
me impuse condiciones de soledad,
hasta de hastío.
Dejé las caminatas nocturnas
para volverme una televidente,
lectora desaforada de la nocturnidad,
amante sin sentido,
en soledad o junto con amores
pasajeros y volátiles.
Juro que pensé que era alondra
e incluso ruiseñor de vez en vez,
cuando en las mañana veía el rocío
y me emocionaba hasta el llanto.
Me sentí búho cuando quería un abrazo
y no encontraba cobijo.
Búho
cuando mi ojos no se cerraban
ante el espanto de las tristezas,

ante el espanto de los desamores,
ante el largo caminar del desarraigo.
Búho
cada mañana trato de cantar,
no puedo y ahora lo entiendo,
es que me tocaría aullar en la nocturnidad.
Pero ahí tenemos de nuevo los vecinos,
de nuevo la censura apagaría mi aullido,
mis supuestos lamentos,
sin saber ellos que solo mis sonidos
son
porque de alguna manera
soy búho.

AUN NO PUEDO DECIR

Me costó.
Salgo a la luz de nuevo,
brindo mi rostro cada día,
una amiga me convida a decir,
el universo acepta la palabra
y se entrelaza entre las múltiples voces,
gritos, llantos, enormes alaridos.
¿Escuchas?
El debate es inmenso,
confuso,
los zumbidos surgen
y se reciclan como eco sordo
en las nubes
de un país a otro
de una isla a otra.
Dicen que es una red que nos une
y a la vez nos separa por el mundo,
pero el mundo somos nosotros,
solo nosotros seremos responsables
del desastre anunciado.
'Salvemos al planeta'
¿Será verdad que eso queremos?
¿Esa es la propuesta?
Comienzo mi mañana,
preparo mi café,
leo las primeras noticias del día y lloro.
Aun no puedo decir una palabra.

JUEGO DE PODERES

La mariposa vuela,
siente el viento en mi rostro.
Mariposa al fin despliega sus colores,
me siento conmovida.
Tanta ausencia, tanta insensatez,
domina al universo.
Lo invisible tira de nosotros,
nos jala y nos golpea,
nos deja sin poderes
en inconsciencia total, absoluta.
Este nuevo mundo
debe ser renovado a gran velocidad,
tanto que nos asombre.
Ahora
la mariposa se enreda entre las cuerdas,
trata de defendernos
en la sutil frugalidad de su existencia
no le da tiempo a protegernos,
su fragilidad la domina.
Solo le falta un aliento
para seguir hacia adelante.
Respiremos profundo,
seamos cautelosos.
Solo así, podremos sobrevivir
a la debacle.

CAMINATA

Camino entre diversas multitudes
y solo siento ausencia.
Las miradas no se cruzan.
Así va el mundo.
Multiculturas, polilenguajes,
divercolores, pluripieles,
heterolores, disparimelodías,
multiplicielos
plenos de multipliangustias,
de multipensares.
Marea sin fin,
constante desarraigo.
Se me ha crecido el mundo
alrededor,
inevitable desconcierto,
en este largo recorrido
y al final de los tiempos
¿Quién nos lo iba a decir?

AMBULANTES

> *"Entonces no pienso en toda la desgracia,*
> *sino que pienso en todas las cosas bellas*
> *que aún quedan".*
> *Ana Frank*

Y quedan, están por todas partes,
nos llenan y desbordan,
se mezclan y confunden
en este entorno de hoy
transeúntes perdidos en las noches,
casi zombis,
tirados en las calles, rincones.
Es lo que hay, diríamos,
se llenan las esquinas de todas las ciudades,
mis ciudades.
Pensándolo mejor, tengo mis desacuerdos,
porque zombis serían
si no estuviesen en la búsqueda
de un mínimo placer,
quizás
de placeres confusos,
pero placeres al fin y al cabo.
Ciudades y ciudades
se llenan, estamos invadidos, los he visto.
Caminantes en silencio,
pensantes en el mañana,
porque el presente ya es ayer

y lo demás se desconoce.
Camino a casa,
hemos sentido miedo a la desesperanza,
como si no nos perteneciera esa pobreza,
como si desconociéramos tanta tristeza
de tan solo mirar
aquella belleza en la mañana,
escuchar aquel canto de los pájaros.
A veces me pregunto
si alguna vez fueron reales
en mis festividades y jolgorios.
Cada día camino, no me canso,
es la constante en mis memorias
de aquellos domingos por mis calles,
 avenidas de holas y de abrazos.
Aunque hoy ya los paseos
no sean tan disfrutables
no olvido, yo no puedo olvidar,
sigo teniendo fe
en mis amaneceres.

FRIDA, MI FRIDA

Recorro mis paredes y te encuentro,
en realidad no estabas perdida,
sólo que tenerte me costó
no sabes cuánto.
Pasaron años y caminos para traerte a casa,
a mi universo de colores y recuerdos.
Desde entonces, cuando visité la tuya
en Coyoacán, no te sentía tan próxima.
Próxima, no sé si tanto así,
porque a veces te temo hasta en mis huesos.
He soñado contigo, te he visto,
he presentido tu mirada
tu fija y fría mirada cuestionadora,
quizás perversa, que me reta
y me llena de preguntas irrespondidas.
Recorrí tu patio y ya no estabas,
entonces pude ir a tu encuentro varias veces,
pero no estabas.
Imaginaba tus pasiones por esos corredores
llenos de luz, tan mexicana luz.
Te juro que he llegado hasta sentir
que tus azules, amarillos y naranjas Talavera
eran únicos.
Lo eran, de hecho lo son.
Pero a lo que vamos
y donde estamos, acá y ahora:
¿sabes que te has puesto de moda?

¡Pues sí, la lograste!
Camisetas, vestidos, collares
se extienden por el mundo de la moda
con tu imagen, tu mirada,
tus colores, tus colgantes.
Muchos te desconocen, ni te sentían
cuando yo te buscaba.
Algunos ni imaginan tus dolores,
yo he soñado con ellos,
he padecido tus angustias y ausencias.
¡Cuánto amaste y cuánto no te amaron,
o quizás te amaron diferente a lo que eras!
He sentido tus entrañas desgarradas,
tus huesos rotos y tu sangre
fluyendo a borbotones
hasta manchar lienzos y lienzos con tu imagen.
Porque nadie entonces podía verte
desde adentro, desde lo más profundo
de tus intensas ganas de darte, de ofrecer.
Tanto así,
que al caminar por aquellos corredores
sentía, te lo puedo jurar,
sentía tus lamentos.
Porque si de algo estoy segura
es de tu irreverencia,
esa la tengo clavada hasta en mis huesos,
los míos.
Hoy te tengo, ya te tengo.
A veces con temor de que se enteren,

de que invadan mi casa,
mis rincones, mis nadas
y no permitan la presencia
que oculto entre mis sueños.
Así que entre tú y yo, mi Frida,
mi imaginada Frida, sólo mía,
permanezcamos en silencio,
ambas, no sólo tú,
para guardar lo poco
que nos queda de esta historia,
de estas paredes donde permaneces
mientras yo sigo esperando.
Quizás un día tu aparezcas
y me llenes de colores, de luces
en la desarmonía
en la que todos nos hemos convertido.

ÁRBOL

Te siento respirar en tus hojas,
presiento tus latidos
como si cada uno de ellos
fuera una pérdida,
consecuencia del tiempo,
de los aires, de las lluvias,
los temporales, qué sé yo...
Lo que sé es que te siento,
más bien presiento
tus raíces profundas
aferradas al universo,
pegadas a esta dichosa tierra
donde te tocó crecer,
y al hacerlo
descubres que hay un infinito
de colores, texturas, luces
que presentías al inicio de tu sol,
y que cada mañana
te daba ciertas pistas e indicios
de parajes iluminados
donde la luna comparte los espacios
y es posible disfrutar el día a día
como herencia feliz
de cada noche.
Tus hojas,
las que me invitan a acostarme
en tus raíces,

me acarician, juguetean,
caen encima de mi cabello,
comparten las ansias de libertad
que ambos tenemos.
A veces, en medio de tanta belleza,
me asalta la incertidumbre:
¿qué pasaría si ayudara a trasplantarte,
llevarte hacia otros lares,
para que al fin
pudieras definir otros colores,
sabores, olores y calores?
Entonces, quizás,
crearíamos un nuevo universo
donde se arraiguen tus ideas,
tu experiencia,
las buenas y las malas,
tanto crecimiento en la añoranza,
en la paciencia
y hasta en los sueños.
Porque, ¿quién dice que no sueñas
si hasta te he escuchado suspirar?
Vaya usted a saber
en qué estabas pensando
para acumular tanta tristeza,
tanto desarraigo en tus anhelos.
Porque ya deberías saber
el significado de la palabra 'plantado',
ya deberías darte cuenta
de que cada uno tiene una función en esta vida

y que, por mucho que te trasplante y te trasplante,
al final no soportarías tantas huidas,
tanto universo desconocido,
tanta tierra extraña.
Y porque, por mucho que te siga, que te ame,
no puedo acompañarte en tu continua escapada
hacia la zozobra,
porque el ritmo mío es otro,
ya te dije una vez.
Rebusco en mis entrañas el universo
y en él me muevo cada día,
cada minuto de la vida
tan breve, fugaz, como tus hojas
que envuelven mi cabello,
como señal de ese camino
en el que andamos
frágiles, sutiles
como la vida misma.

EL ÚLTIMO ADIÓS

Para Mayito, mi consorte

'Sin ir más lejos
quise comprobar mi suerte',
diría la cantora
y me parte el corazón en dos
cuando la escucho
envuelta, ahora, en la distancia.
Desarraigo, fronteras, ausencias,
separaciones, muertes,
adioses y silencios,
tristeza.
Porque me faltó el gran abrazo,
aquella despedida que no hicimos,
y ni siquiera pudimos
prever un nuevo encuentro.
Es cierto,
no nos volveremos a ver,
los dos lo sabíamos.
Ya nadie tuvo tiempo para eso,
solo el sonido me queda
en la distancia.

PADRE

A Luis Daniel Morales

Sobre el extenso pentagrama
y con palabras certeras,
mi padre.
Inseguro de más, dubitativo a veces,
le rebasaban mis andadas,
mi intenso mambizaje,
mis largas trasnochadas,
mis amanezcos inseguros.
Cada día una historia mal contada
al viejo, a los viejos.
Saltaba su autorizo, su ética, su arropo,
su incertidumbre, su incomprensión,
sus temores en cada minuto de su sueño.
Con su pincel dibujaba paisajes:
'poemas sin voces' nombró
a cada uno de ellos.
Los tengo, tengo algunos, pocos,
que repaso a diario
y guardo como el tesoro de mi vida.
Los veo, los siento,
camino por sus verdes,
atravieso palmeras
y hasta escucho la brisa mañanera,
quizás de atardecer.

A él debo mi decencia y mi ética,
mi paz, mi sentido del tacto,
mis colores.
Debo también mi amor a la lectura,
mis emociones y mis llantos
por lo infinito,
por lo más simple de la vida,
la música que escucho,
el piano que algún día toqué.
Chopin, Bach, Debussy
pasaron por mis jóvenes dedos
y sentía su asombro,
quizás su admiración
y un quedo aplauso.
Pasó, ya todo me pasó,
por fortuna sin pérdidas notables,
sólo quedan algunas desgarraduras
pero la historia, padre, sigue intacta,
me mantengo al acecho
para que nada nos la rompa o deteriore,
sigue sonando en ese piano
que escuchamos juntos.
Continúa mi padre en medio de mi pecho,
mi padre...
Momentos, segundos, minutos
en esta accidentada y larga vida.
Ya no estás, ni me esperas.
Pero debo decirte ahora, me urge:
descansa en paz mi hombre ilustre,

ya todos los poemas tienen voces,
he llenado cada uno de los silencios
que tanto preocupaban a tus sueños.

MAR Y ANA

Para mi hija Mariana
y su constante nado hacia el futuro

Hoy tocan estos versos por ti,
por mi Mariana.
El camino ha sido hermoso,
ha pasado el tiempo,
más de cincuenta vueltas al sol,
a la luna, sobre la tierra
y bajo este cielo.
El Mar y la Ana de una canción
que te cantara un trovador un día
nos abrazó al final a toda la familia
cuando aún, sentadas
en aquellos sillones
de la pequeña salita en San Lázaro,
tu abuela, mujer sabia,
recibía a poetas y cantores.
Entonces teníamos el mundo por delante,
era otro mundo el nuestro.
Y digo que ha pasado tiempo, sí,
y no precisamente 'un águila por el mar',
porque nos hemos convertido
en bandada de ellas.
Y digo águilas
por no decir palomas o sinsontes,

torcazas o ruiseñores
que emprendimos un día el vuelo
y aún no hemos parado el recorrido.
Aquellas alas que se nos mezclaban de calles,
día y noche, siempre mirando al mar azul,
impredecible, en el cual te sumergías y nadabas.
Y frente a ti el oleaje que nos venía encima,
como si el mundo dependiera
de cada uno de tus brazos,
de aquellas olas que cambiarían esa vida,
la nuestra,
porque en cada brazada nos llevabas
más lejos, tan lejos
que terminábamos mirando al horizonte junto a ti,
escapando en el vuelo al ritmo de tu oleaje.
Ya lo dijo el querido poeta Virgilio Piñera:
'La maldita circunstancia del agua por todas partes',
y en esa Isla él sabía,
sabíamos todos,
que de la infinitud de las mareas
dependía el rumbo de nuestras miradas.
Porque mira lo que son las cosas,
estar acá y ahora, ya lejos,
tan lejos como el mar,
tan infinito como la vida misma.
Porque sabemos, ya sabemos:
la vida es del cará,
pero vale la pena estar en ella.

RENACE

Para mi hija Claudia,
en todos sus intentos.

Como Ave Fénix, mi amor,
como Ave Fénix
en un constante reciclar.
Marea... entras, sales, fluyes
donde los amarillos
confunden y se mezclan
entre azules, blancos y rojos,
con una fuerza telúrica que retoña
y renace sensual, sutil, inevitable.
Calles, adoquines,
el malecón te extraña
cómo te extraño yo, amor.
Los salones de danza,
los grandes escenarios
y las cámaras esperan tu presencia.
Y ahí, justo ahí
retornas con más fuerza
¿dije telúrica?,
quizás me quedé corta.
Ahora, como si fuera poco
la rumba te rodea,
chancletea mi niña
hasta el cansancio,
chancletea

con una larga cola
que vuele por los sueños infinitos
y nos envuelva a todos
para así delirar.
Y vueltas y más vueltas
y más vueltas
rodeados de colores,
de alucinante espacio,
al compás del tambor
y
ra ta tá, ta tá,
ra ta tá, ta tá,
al ritmo de la vida y la chancleta,
para que los sonidos nos lleven
a aquellas nuestras calles,
a todas las ausencias y nostalgias.
Porque si algo sabemos del camino
es que olores, sabores y sonidos
se quedan en la piel,
en las entrañas
y solo el chancleteo,
el percutir de las caderas,
el leve movimiento de las telas,
desbordante y sutil,
es capaz de sacarnos
la profunda tristeza de los días y noches.
Porque eso somos
al ritmo de las horas,
de la rumba constante

que da vueltas en el eterno
paisaje de estos tiempos.
Chancleteo de pies, de las entrañas
y ra ta tá, ta tá
de nuevo,
y dale
ra ta tá, ta tá
otra vez,
y suena
ra ta tá, ta tá
por siempre y para siempre.
Para que con tu paso
nos lleves por el aire
montados en tu cola de rumbera,
y volemos sobre calles
adoquines, aceras y portales
en los que fuimos,
bailamos, sentimos, lloramos,
abrazamos, amamos.
Y, ahora, renace de una vez,
abre tu cola a todo lo que dé,
con todos esos vuelos y más vuelos,
que la vida se envuelva
con tu ritmo.

HIJO

Para mí Pablo hermoso, abarcador,
enfocado en nuestros sueños

Cierro los ojos,
aplausos invaden mis sentidos.
Escucho: eres tú, hijo,
con todos tus timbales, tambores, percusiones...
Recuerdo, entonces,
vivíamos a la orilla del mundo
sin darnos cuenta
de sus bordes, de sus límites,
preocupados más por los sueños
que por los caminos.
Cuesta creer que un buen abrazo nos bastaba,
que una noche de jazz nos era suficiente.
Juntos, descubrimos aquellas melodías
que después disfrutaríamos.
Diferentes escenarios en el mundo:
Avishai Cohen, Brad Mehldau
o Shai Maestro, Sting,
Habana Abierta, David, Kelvis,
tantos conciertos, bailes, amigos,
noches que se extendían a mañanas
y días y risas,
la meca de los sentidos y el más allá.
Ese mar comenzaba en la orilla,

la nuestra, y terminaba en el azul,
el infinito, aquel azul inalcanzable
que nos separaría a todos
por rumbos y senderos
para dibujarse
en colores y melodías delirantes
que volaban por el universo.
El jazz, la poesía y nuestras ansias
nos marcaban el rumbo hacia adelante,
dispersando el amor
por todos los rincones inimaginables.
Sabíamos que aquella lejanía
nos haría crecer en el dolor,
en aquel abrazo
que se repetiría en la distancia
y en días señalados.
Cada nuevo sol era el propósito,
inexplicable entonces,
que se fue definiendo
en todos estos años.
Y hoy el mundo sigue, amor,
el mundo continúa
desdibujando aquella orilla,
multiplicando nuestros límites,
nuestras ansias de alcanzar el universo entero,
de abrazar todos los mares
y los espacios
donde el sonido nos lleve,
porque ya no hay orillas que nos paren,

que detengan esta puesta de sol
repleta de colores milenarios.
Sí, hijo, ha valido la pena tanto esfuerzo,
te sigo amando cada día.

EL LATIDO CONSTANTE

La fiesta tiene que continuar,
el latido constante de mi verso
no alcanza para decir.
Las palabras
me persiguen hasta el cansancio.
He caminado leguas, millas,
kilómetros y ahí están,
permanecen, me ahogan,
pero ellas no bastan
para decirlo todo.
Me enfurece saber
que me persigue el verso
y me confunde con preguntas
y respuestas sordas.
Metáforas inconclusas
se apelotonan en el centro
de mi cuerpo
para salir a borbotones,
invadiendo mis íntimos espacios,
caminos, calles, sueños,
y no completan mis ideas.
Esta metáfora contínua
donde la realidad se entrelaza
en métrica cerrada con el verso
que insiste en salir
de forma libre, sin censura.
¿Y si se pierde el miedo

a dónde me conduce
-me pregunto-
aquel desaforado desvarío
en el que día y noche
me siento sumergida
en la constancia de las vicisitudes?
Que no soy ciega o sorda,
por favor.
El mundo está al revés
de lo que todos esperábamos.
Estamos invadidos de tanta incertidumbre,
el futuro no admite desvaríos,
oprime nuestras metas,
nos censura,
poniendo en el camino obstáculos.
Oleadas de migrantes
circulan por nuestro continente.
Es una urgencia,
digo yo, porque acá estoy,
pero se de otros lares
donde caminos, bosques y veredas
se confunden en diversos idiomas,
se trasladan, se mezclan.
Ya no nos queda espacio
para sembrar el árbol.
¿De qué voy a escribir ahora?
Qué tendré que decir en este mundo
donde plantar una semilla
se convierte en desafío extremo.

Al despertar,
agradezco el café de la mañana,
que es aún la fortuna que permanece
como constancia de lo que aún somos
o de lo que fuimos algún día.
Ese, de luz, de lluvias, arcoíris
en donde todos confluimos
en la búsqueda eterna del botín
del cual tanto la abuela nos contaba.
Y eso es lo que no saben
de nuestras largas caminatas,
de aquella búsqueda infinita
que ha marcado senderos.
Las palabras están dispuestas,
solo queda que el verso se acomode
porque la realidad supera mis ideas.

EPITAFIOS

Yace aquí aquel
que nunca conoció la primavera,
pues de tanto buscarla
se perdió en el invierno.

Queda en este sitio
la memoria del verso que nunca se dijo,
porque todos, al verlo,
quedaban sin palabras.

Reposa acá,
en este sepulcral refugio
aquel a quien amé y perdí.
Descanse en paz hasta nuevo aviso.

Este sitio sagrado recibe y guarda
la honorable presencia
de quien un día salió huyendo
y nunca más recuperó su paz.

Se guarda aquí en silencio
y con profundo orgullo
los restos de miles de semillas
que no alcanzaron a ser árboles.

En eterno silencio reposa aquí,
aquel que huía de sí mismo
y ahora se encuentra
en este esencial diálogo con su simiente.

Descansa acá un profundo amor
sin penas y sin glorias,
nunca escuchado por su amada
para que así la eternidad lo abrace.

Se preservan en este espacio
las palabras que nunca fueron dichas
por hombres y mujeres de bien
callados por el miedo y la desidia.

Descansen en paz tantas verdades.

El latido constante | 73

Aries Morales Parrado nació en La Habana, Cuba, en 1949.

Es Licenciada en Filología por la Universidad de La Habana. Durante más de cincuenta años dedicados a la cultura ejerció profesionalmente como profesora, directora de artes escénicas y especialista en dramaturgia para la televisión y el cine cubanos.

En su etapa final en la isla impulsó la formación de numerosos poetas durante dieciséis años de labor en la Unión de Escritores y Artistas de Cuba, donde fundó el Aula Literaria, que se convirtió en semillero de voces publicadas y reconocidas a nivel nacional e internacional.

www.ingramcontent.com/pod-product-compliance
Lightning Source LLC
LaVergne TN
LVHW051849080426
835512LV00018B/3165